Parque Nacional
Grand Teton

Grace Hansen

Abdo Kids Jumbo es una subdivisión de Abdo Kids
abdobooks.com

abdobooks.com

Published by Abdo Kids, a division of ABDO, P.O. Box 398166, Minneapolis, Minnesota 55439.

Abdo Kids Jumbo™ is a trademark and logo of Abdo Kids.

052019

092019

Spanish Translator: Maria Puchol

Photo Credits: Alamy, iStock, Minden Pictures, National Park Service, Shutterstock

Production Contributors: Teddy Borth, Jennie Forsberg, Grace Hansen

Design Contributors: Dorothy Toth, Laura Mitchell

Library of Congress Control Number: 2018968163

Publisher's Cataloging-in-Publication Data

Names: Hansen, Grace, author.

Title: Parque nacional Grand Teton/ by Grace Hansen.

Other title: Grand Teton national park. Spanish

Description: Minneapolis, Minnesota : Abdo Kids, 2020. | Series: Parques nacionales

Identifiers: ISBN 9781532187612 (lib.bdg.) | ISBN 9781532188596 (ebook)

Subjects: LCSH: Grand Teton National Park (Wyo.)--Juvenile literature. | National parks and reserves--Juvenile literature. | Grand Teton Mountains (Wyo. and Idaho)--Juvenile literature. | National parks and reserves--United States--Juvenile literature. | Spanish language materials--Juvenile literature.

Classification: DDC 978.75--dc23

Contenido

Parque Nacional Grand Teton

Este parque está en Wyoming.

Se creó el 26 de febrero de 1929.

Naturaleza y sus características

El nombre le viene de la montaña más alta de la cordillera Teton. La cumbre más alta es la montaña Grand Teton con 13,775 pies de elevación (4,199 m).

Justo por debajo de la **región alpina** crecen los pinos de corteza blanca. De ellos salen piñas de color morado cuyas semillas son ricas en grasas. Al ser tan nutritivas muchos animales se alimentan de ellas.

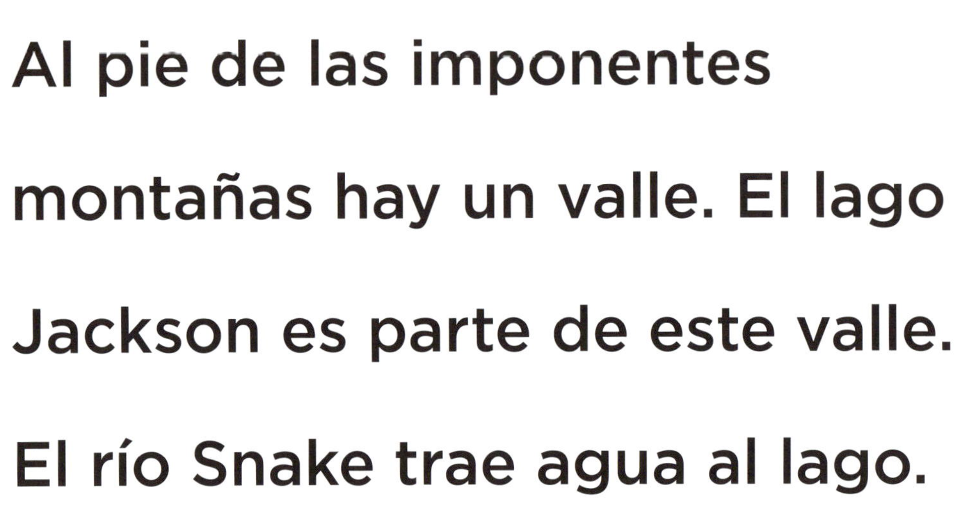

Al pie de las imponentes montañas hay un valle. El lago Jackson es parte de este valle. El río Snake trae agua al lago.

El parque es conocido mundialmente por la pesca de trucha. La trucha degollada *fine-spotted* es **nativa** del río Snake.

Los valles están repletos de plantas. Las flores silvestres adornan de colores el valle desde mayo hasta septiembre. Las flores azules alpinas y las balsamorizas amarillas son fáciles de ver.

Las gilias escarlata crecen en condiciones secas y rocosas. Al colibrí calíope y al ciervo canadiense les encanta comerse esta planta.

Generalmente estos bosques están formados por **coníferas**. El pino retorcido es el tipo de conífera más **abundante** en el parque. Crece cerca de las zonas bajas de las laderas.

Los bosques del parque son hogar para muchos **mamíferos**, grandes y pequeños. Las ardillas rojas y los osos negros pasan la mayoría de su tiempo en los bosques.

Actividades divertidas

Montar a caballo por los muchos caminos que cruzan el parque

Hacer esquí de fondo o usar raquetas para la nieve durante los meses de invierno

Salir en canoa en el lago Jackson

Manejar por la panorámica carretera Teton Park

Glosario

abundante – en mucha cantidad.

conífera – árbol con frutos en forma de cono y cuyas hojas se llaman agujas. La mayoría de las coníferas no pierden la hoja en todo el año.

mamífero – animal de sangre caliente con la piel cubierta de pelo y esqueleto en su interior.

nativo – que nace o crece en un lugar determinado.

región alpina – también llamada tundra alpina; área natural sin árboles debido a la alta elevación.

Índice

¡Visita nuestra página **abdokids.com** y usa este código para tener acceso a juegos, manualidades, videos y mucho más!